Iwanami Junior Start Books ジュニスタ

# 分身ロボットとのつきあい方

Arisa Ema
江間有沙

岩波書店

## この本の内容

■この本の著者の江間有沙《えまありさ》さんは、東京大学国際高等研究所東京カレッジで、ロボットや人工知能（AI）などの科学技術が社会のなかでどのように使われているのか、どのように使われたらいいのか、を研究しています。

■この本では分身ロボットとのつきあい方を考えます。分身ロボットは離《はな》れた場所から操作することで、遠くの人とコミュニケーションをとることができます。

■分身ロボットの一つにOriHimeがあります。OriHimeを操作する人をOriHimeパイロットといいます。障がいや難病、不登校などの理由で外出のむずかしい人が分身ロボットを操作することで、カフェの店員になったり、お店の受付案内をしたり、学校の授業に参加したりしています。

■この本では、パイロットとなって働いたり、学校に行ったりしている人たちや、その周辺の人たちにインタビューをして、パイロットになったときの気持ちや、パイロットになったことでひろがった可能性や課題について紹介《しょうかい》しています。

■分身ロボットがある未来の社会とは、どうなっていくのでしょうか。いっしょに考えてみませんか。

# 目次

この本の内容

## はじめに　1



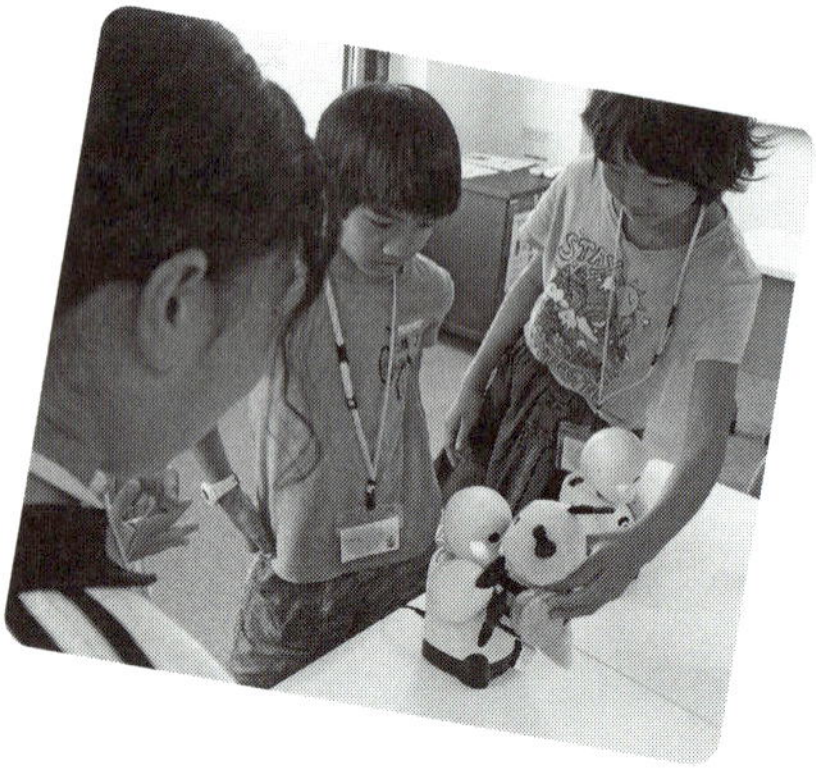

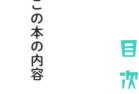

## 第1章 分身ロボットを何のために使うのか ……… 21



## 第2章 分身ロボットのパイロットになる ……… 41

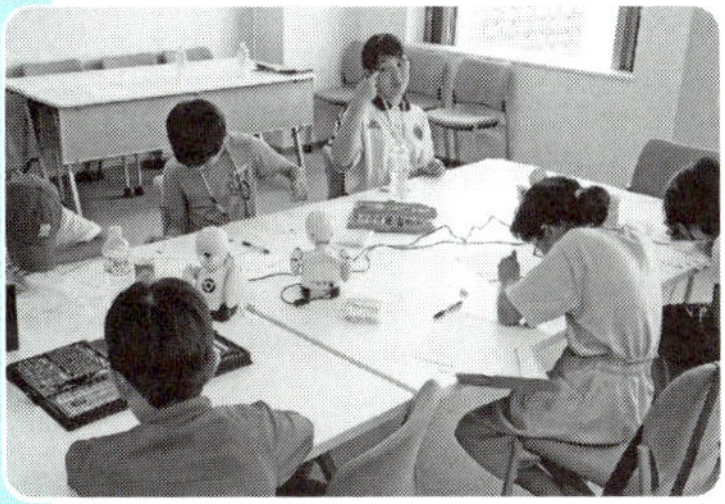

OriHime は株式会社オリィ研究所の登録商標です

# はじめに

## 分身ロボットを知っていますか？

「こんにちは〜！」

両手に乗るサイズの、真っ白な二頭身ロボット。目は緑色で、やや釣《つ》り目がち。鳥の羽のような形の両手をパタパタさせてあいさつするその声は、とても流暢《りゅうちょう》で生き生きとしています。

それもそのはず、このロボットは人工知能（AI）が動かしているのではありません。日本の株式会社オリィ研究所が開発したOriHime（オリヒメ）と呼ばれる「分身ロボット」で、別の場所から操作者がロボットを動かし、声を届けているのです。OriHimeを遠隔《えんかく》で（遠くにいて）操作する人たちはOriHimeパイロットと呼ばれ、障がいや難病などさまざまな理由で外出がむずかしい移動困難者がほとんどです（この本では、彼らのことをこのあと、パイロットさんといいます）。

正面から見た OriHime（©OryLab Inc.）

パタパタ（©OryLab Inc.）

右を向く（©OryLab Inc.）

パイロットさんたちは、パソコンやスマートフォン、タブレットを使ってロボットを操作します。時にはパソコンのカーソルを目線で動かしたり、クリックしたりすることができる視線入力装置を使って、OriHime を遠隔《えんかく》操作しています。

OriHime パイロットさんたちは、カフェの店員、県庁や病院などの施設《しせつ》での受付の案内、高齢者《こうれいしゃ》施設《せつ》での話し相手など、全国のさまざまな場所で仕事をしています。北海道の人が山形のカフェで店員をしていたり、東京の人が福岡のお店で販売員《はんばいいん》をしたりするなど、働き方も働く場所もさまざまです。

分身ロボットは職場だけではなく、学校でも使われています。県や市、学校、病院などが分身ロボットをレンタルしたり、購入《こうにゅう》したりしています。けがや病気で学校に行けない児童生徒は、分身ロボットを使って授業を受けたり、学校で友だちや先生との会話を楽しんだりすることができます。

さらには特別支援《とくべつしえん》学校の児童生徒が、分身ロボットを使って職業体験をしたり、遠足に行ったりするのにも使われています。不登校の子どもたちの登校支援《しえん》にも使われています。

でも会話をするだけなら、分身ロボットを使わなくてもスマートフォンの音声通話でできます。無料のオンライン会話ツールを使えば、顔を見ながらのビデオ通話もできます。

それでは、わざわざ分身ロボットを使って話をするメリットは何なのでしょうか？

分身ロボットを使ったコミュニケーションの特徴《とくちょう》とは、何なのでしょうか？

## 小学生、OriHime に初めて出会う

分身ロボットのパイロットさんに初めて出会った人は、どんな反応をするのでしょうか？

また分身ロボットを、どのように操作するのでしょうか？

2024年8月に、小学4年生から6年生の子どもたち数人がOriHimeパイロットさんとお話をしたり、子どもたち自身がOriHimeを操作したりするイベントが開催《かいさい》されました。

イベントでは分身ロボットって何？　ということをまずは知ってもらうため、OriHimeを開発した株式会社オリィ研究所が作った動画や、特別支援《とくべつしえん》学校の生徒さんがOriHimeを使って接客などのお仕事体験をしている動画がいくつか紹介《しょうかい》されました。

その後、OriHimeパイロットさんである、ゆいさんとカーリーさんが、ロボットを遠隔《えんかく》操作しながら、子どもたちとお話をしました。

ゆいさんは脳性麻痺《のうせいまひ》によって手足全体が動きにくい状態のため、カーリーさんも進行性の難病を後天的に発症して手足全体が動きにくい状態のため、二人とも車いす生活を送っています。

二人の顔写真とプロフィールが紹介《しょうかい》されたあと、目の前のOriHimeから

**自己《じこ》しょうかい**

ゆい

早く生まれて、脳《のう》の病気で手足が動かしにくく、小さいころから車いすを使って生活しています。

福岡《ふくおか》からOriHimeを使ってカフェで働《はたら》けるようになり、とてもうれしいです。

夢《ゆめ》は、世界で活躍《かつやく》するアーティストになることです。

ゆいさんの紹介

**自己《じこ》しょうかい**

カーリー

進行する病気で手足が動かしにくく、車いすを使って生活しています。

OriHimeを通じてみんなとつながり、いろいろなことに挑戦《ちょうせん》してみたいです。

今は、東京都小平市にある「むさしの病院」で、OriHimeからではなく、実際《じっさい》に通って働《はたら》いています。

カーリーさんの紹介

（2024 年 8 月イベント資料より）

は、ゆいさんとカーリーさんの元気な「こんにちは」の声が聞こえてきました。

最初は何を話せばいいのかと戸惑《とまど》っていた子どもたちでしたが、ゆいさんに「好きな食べ物はなんですか?」と聞いて、フルーツが好きだと言われて、「私といっしょだ!」と共通点を見つけられてうれしそう。

「海外に行ったことがありますか?」という質問には、カーリーさんの「OriHimeでサウジアラビアに行ったことがあるよ」という答えにびっくり。

「OriHimeでしゃべるのとオンライン通話でしゃべるのとは、どう違《ちが》うの?」

「OriHimeがしゃべるのとAIがしゃべるのは、どう違《ちが》うの?」

などの話もありましたが、それについてはこの本の第3章で、何人かのパイロットさんたちの考えや思いを詳《くわ》しく紹介《しょうかい》していきます。

ゆいさんとカーリーさんとのお話のあと、実際にOriHimeを子どもたちが操作しはじめると、みんな熱中!

OriHime は、パソコンのカーソルを動かしたり、タブレット画面を指でタッチして動かしたりすることでロボットの手を操作できます。また画面の右側には「いいえ」(首を左右に振る)、「はい」(首を上下に1回振る)、「手を挙《あ》げる」(片手を挙《あ》げて下ろす)、「パタパタ」(両手を上下に何回か動かす)などいくつかの操作のパターンをあらわすボタンがあり、それを選択《せんたく》することによってロボットは首を振ったり、手を挙《あ》げたりすることもできます。自分の手は思う通りに動かせない人でも、ボタンを押すだけで思う通りの動きをOriHime にさせることができます。

子どもたちはロボットの基本的な動きを確認したあと、早速、OriHime を操作するグループと OriHime と会話するグループの二部屋に分かれて、ロボットを使ってどんなことができるかを考えはじめました。

子どもたちは OriHime を使ってできることを試しているなかで、一人が別室でオニとなって OriHime で「だるまさんが転んだ」をするという、新しいあそび方を見つけて、これが大盛り上がりでした。

通常の「だるまさんが転んだ」ではオニが壁《かべ》や木などの前に立ち、他の人はオニから離《はな》れたところに立ちます。オニが後ろを向いたまま「だるまさんが転んだ」と言っている間に、他の人はオニに近づいていきます。「だ」の部分でオニは振《ふ》り返り、他の人たちは動きを止めます。

OriHime は自分では後ろを向くことができないので、通常と同じような遊び方はできません。ただし OriHime の顔を左右に動かすと、正面にいる人たちの姿は見えなくなります。それを利用して、オニになった人は、別室で「だるまさんが」と言いながら OriHime を左側か右側を向くように動かして、「転んだ」の「だ」のところで正面を向くようにロボットを操作します。そうすることによって、疑似的《ぎじてき》に「目隠《めかく》しをする」状況《じょうきょう》を作り出していました。

OriHime を使えば、その場にいなくても「そこにいる」という存在感があります。ロボットを媒介《ばいかい》してただ話をするだけではなくて、ロボットの体を使った「だるまさんが転んだ」のような遊びもできるのです。

▲OriHimeを使っての、だるまさんが転んだ
▶OriHimeパイロットさんと話をする
▼タブレットでOriHimeを操作する

イベントの最後では「2050年の未来では分身ロボットがどのように使われているか想像して、絵日記を描《えが》いてみよう」、というワークを全員でしました。

「分身ロボットを使って、日本にいながらアフリカの人たちを診察《しんさつ》する」という絵日記を書いてくれた子がいました。カーリーさんが「インターネットに接続されてさえいればどこへだって行けるんだ」、というお話をしてくれたのが印象的だったのかもしれません。

あるいは「分身ロボットを操作しながら友だちと街にお買い物に行って、自分の(人間用の)服と、OriHime用のレンズを買った」という日常の一コマを描《えが》いてくれた子もいました。

子どもたちが描《えが》いてくれたように、未来では誰《だれ》もがあたりまえのように分身ロボットを使っている、人と分身ロボットが共存しているような社会になるのかもしれません。

でも、分身ロボットを使って働く、分身ロボットとして行動するってどういうことなのでしょうか。人とロボットが共存するためには、新しい制度や技術は必要になるのでしょうか。

いろいろと疑問が出てきませんか?

## 人と機械の関係性について考える研究

この本では、そのような疑問を、みなさんといっしょに考えていくために、実際に分身ロボットを使ったことのある先輩《せんぱい》パイロットさんたちに対して行われたインタビュー内容を紹介《しょうかい》していきます。

ただインタビューされた文章を読むとき、インタビューをした人はどんな人で、どんな目的で、どんな話を聞いたのか、それを前提情報として知ることはとても大切です。

分身ロボットはすごい! という立場の人と、分身ロボットはこわい! という立場の人では、同じ人にインタビューをしたとしても書かれる内容はまったく異なるものになる可能性があるからです。

そのため、ここで今さらですが、この本の著者である私の自己紹介《しょうかい》をさせてください。

私は現在、大学で研究をしています。私が分身ロボットOriHimeを開発している株式会社オリィ研究所の人たちや、分身ロボットの社会的な課題についで考えるきっかけとなったのは、「誰《だれ》もが自由に活躍《かつやく》できる未来社会をめざし、『もう一つの身体』としてのサイバネティック・アバターをデザインする」ムーンショット型研究開発という研究プロジェクトチームに加わったことがきっかけでした。

サイバネティック・アバターとは、自分の代わりとしてのロボットやヴァーチャルアバターを使って、身体能力、認知能力、知覚能力を拡張するような技術を意味します。

ただし私自身はロボットの研究者ではなく、社会科学の研究者です。

もう少し詳《くわ》しく言うと、科学技術社会論という分野の研究者です。

科学技術のあり方を、社会科学の方法論を使って考える。科学技術と社会の関係性やあり方を通して、これからの社会はどうあるべきか、今の社会の課題は何なのかを考える研究分野です。

科学技術と言っても医療《いりょう》や農業、エネルギーなどいろいろあります。そのなかでも私はとくに、ロボットや人工知能(AI)といった最先端《さいせんたん》の科学技術、情報技術が、どのように社会で使われているのか、使われていったらよいのかを研究しています。

大事なのは、「技術を使うことでどういう社会ができるのか」、と技術を先に考えるのではなく、「どのような社会に私たちは住みたいのだろうか」という、社会の目的や社会にかかわっている人たちの視点から考えることです。

今の段階では問題が多い技術に関しては、場合によっては、研究や利用を制限することも必要になるでしょう。

でも、何が「問題が多い技術」と思われるのでしょうか。

ある人にとっては便利な技術が、他の人の自由を奪《うば》ったり悲しませたりするような場合は問題かもしれません。

でも「ある人」が社会の99・9％の人で「他の人」が0・1％の人だと言われたら、どうでしょうか。多数決でその「問題」はなかったことにされるのでしょうか。

あるいは、ある技術が出てきたことによって社会的な問題が解決できたとします。でもそれによって別の社会的な問題が生じてしまう場合、どうすればよいのでしょうか。

たとえば分身ロボットがあることで、遠隔《えんかく》でも働くことが可能になります。技術的に社会の問題を解決できる、すばらしい例です。

でも移動をしなくてよいのなら、連続何時間でも働けるよね、と言う人が出てきてしまったらどうなるでしょうか？

実際、私はコロナ禍《か》でオンライン会議が一般化《いっぱんか》してしまってから、一日の会議の数と時間が格段に増えました。

今までは移動時間があったので、連続して会議を入れられなかったのですが、オンラインであれば隙間《すきま》なく会議で時間を埋《う》めることができてしまうのです。全世界の人と簡単に会議ができるようになったことはメリットですが、ヨーロッパやアメリカの人たちが活動をはじめる日本時間の夜10時以降も会議が入る日が増えました。そのため朝から夕方まで一日仕事をしたあと、お夕飯を食べて、一息ついたら、寝る前にまた会議ができてしまうのです。

便利な世の中です。でもそれが、幸せで健康的な生活につながっているかはわかりません。

技術の進歩によって、今までできなかったことができるようになった場合、その技術を使うのが「あたりまえ」になるかもしれません。でもあえてその技術を「使わない」、「使いたくない」場面も出てくるかもしれません。

そのときに「技術的には可能なのになぜ使わないのか」の理由を、あらためて説明しなければならない社会というのは、私は息苦しい社会、生きにくい社会ではないかな、と思ってしまうのです。

そのためにも、「どういう社会に私たちは住みたいのか」を考え、それを実現していけるような社会の仕組みや人々の意識を、技術といっしょに作り上げていくことが重要になります。

分身ロボットはまだ萌芽的《ほうがてき》な(生まれたばかりの)技術ですが、私たちの働き方や生活のあり方、人々の意識を変革している点が、とてもおもしろいと私は考えています。

このような視点を持って私は社会科学者として、株式会社オリィ研究所の方たちにご協力いただいて、2022年からOriHimeパイロットさんたち20名以上にインタビューをさせていただいています。

その他にもOriHimeを県や市が独自のプログラムで提供している学校や役所の関係者のみなさん、株式会社オリィ研究所が提供しているOriHimeパイロットとしてのカフェでの接客体験をしてもらうプログラムに参加した中高生の特別支援《とくべつしえん》学校の生徒さんやその先生、保護者やカフェのお客さんたちにもインタビューさせていただいています。

この本は、インタビューさせていただいた多くの人たちから、私が得た気づきをまとめたものです。

分身ロボットOriHimeや、OriHimeの生みの親である吉藤《よしふじ》オリィさんのお話を、今までもいろいろな本やニュースでご覧になったことがある人も多いと思います。すでにそのような情報が多くあるなかで、ロボットの専門家でもOriHimeパイロットでもない私が、分身ロボットの本を書くことにどのような意味があるのでしょうか。

きっと部外者だからこそインタビュー対象者の人たちが私に語ってくれる言葉があるだろうということ、また分身ロボットがある社会そのものがどうなるのか、逆にどのような課題があるのだろうかということを、当事者ではないからこそ一歩距離《きょり》をとって観察することができるのではないか、と考えています。

そして何より、インタビューを通して得られた私自身の気づきや楽しさを読者のみなさんと共有できたら幸いです。

## 分身ロボットOriHimeとは

**離《はな》れていても、みんなとつながることができる**

スマホやパソコンを使って、
その場に行けなくても、まるで「そこにいる」ような体験《たいけん》ができます。

友だちと同じ時間を過《す》ごせる

誰《だれ》かの役に立つことをあきらめない

自分にピッタリの働《はたら》き方ができる

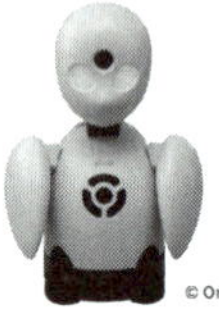

© OryLab Inc.

## OriHimeが生まれたきっかけ

**OriHimeの生みの親でもある**
**吉藤《よしふじ》オリィさんの「ある思い」がきっかけ**

オリィさんは、小学校5年生から中学校2年生まで、
病気で入院したり、学校に行けない時期がありました。

その経験《けいけん》から「ひとりぼっちをなくしたい」という思いを持ち、
分身ロボットOriHimeを作り始めました。

（2024年8月イベント資料より）

# 第1章

# 分身ロボットを何のために使うのか

## 分身ロボットの特徴《とくちょう》

分身ロボットには、OriHime以外にもさまざまな種類があります。

たとえばOriHimeに似たような分身ロボットに、ノルウェーの企業《きぎょう》No Isolation社が開発したAV1があります。OriHimeの目的は、病気や寝《ね》たきりの人など外出が困難な人たちが、ロボットを遠隔《えんかく》操作することで社会とつながり、孤独《こどく》を解消することです。AV1の目的も同じく孤独《こどく》と社会的な孤立《こりつ》を減らすことですが、とくに「教室における子どもの目、耳、声」となることを掲《かか》げていることからわかる通り、学校での利用に特化しています。

OriHimeもAV1も同じような大きさで白く、シンプルな顔立ちをしています。両方ともマイクとスピーカーが内蔵されているので操作者が遠隔《えんかく》で話を聞いたり、自分の声で発言したりすることができます。これだけだと通常のオンライン会話ツールと同じですが、違《ちが》いは自分でカメラの方向を操作

ノルウェーの No Isolation 社の分身ロボット AV1
(AV1 © No Isolation)

できることです。ロボットの頭にカメラが付いているので、パソコンやスマートフォン、タブレットで操作して、どこでも自分の好きな方向を見ることができます。操作者が画面を指でスワイプしたり、タッチしたりすることでロボットの向きを回転させ、視線を上下左右に動かすことができます。

また、OriHime もAV1も、会話をするときに感情を表現するための工夫があります。

AV1はLEDの目で感情を表現します。さらに教室で「手を挙《あ》げて発言をしたい」場合は頭の上が緑色に点滅し、ただ話を聞いていたいだけの場合は青色に光ります。隣《となり》の友だちとだけ話をしたい「小声モード」もあり、教室での利用に特化しています。

OriHime も目の色が点灯していることで、誰《だれ》かが後ろで操作していることがわかります。ただし他の多くの分身ロボットと違《ちが》ってOriHime に特徴《とくちょう》的《てき》なのは、顔だけではなく両手をさまざまに動かすジェスチャーによって感情を表現できるところです。

分身ロボットに操作者がログインすると、首が持ち上がったり、目が光ったりします。操作する人によっては、首を動かすなどの動作確認をする場合もあるので、横からロボットを見ていると、まるでロボットに息が吹《ふ》き込《こ》まれたようにも見えます。

分身ロボットをさまざまな場所に配置することで、一人の操作者がある口ボットから別のロボットにすぐに移動することができます。このロボット間を「瞬間移動《しゅんかんいどう》」できる特徴《とくちょう》を利用して、一人で複数のロボットを操作する実験も行われています。OriHime パイロットさんに会うことのできる分身ロボットカフェでは、あるパイロットさんがカフェのお客さんの受付をしたあと、テーブルの上に置いてある OriHime に「瞬間移動《しゅんかんいどう》」して、飲み物や食べ物を説明する接客の実験が行われました。さらに同じパイロットさんがテーブルの上の OriHime にログインしたまま、別の OriHime を同時に操作して飲み物を運んできました。この実験の動画は公開されているので見ることができます。お客さんたちは、ずっと同じパイロットさんが接客をしてくれているので安心できるというコメントをしています。

## 動き回るロボット

分身ロボットには、子どもくらいの背の高さで、自由に動き回ることができるものもあります。OriHime の大きいバージョンである OriHime-D は 120センチくらいの大きさで、手で簡単な物をつかんで運ぶことができます。

他の分身ロボットには手はついていませんが、パソコンやスマートフォン、タブレットの画面を操作することで自分が向きたい方向を見ることができる機能がついているものが多いです。たとえば、日本のスタートアップ企業《きぎょう》である avatarin 株式会社が開発している newme、iPresence 株式会社が提供・システム開発している temi などがあります。この二つの分身ロボットは、ロボットの顔に当たるところに、自分の顔やイラストなどを表示させる

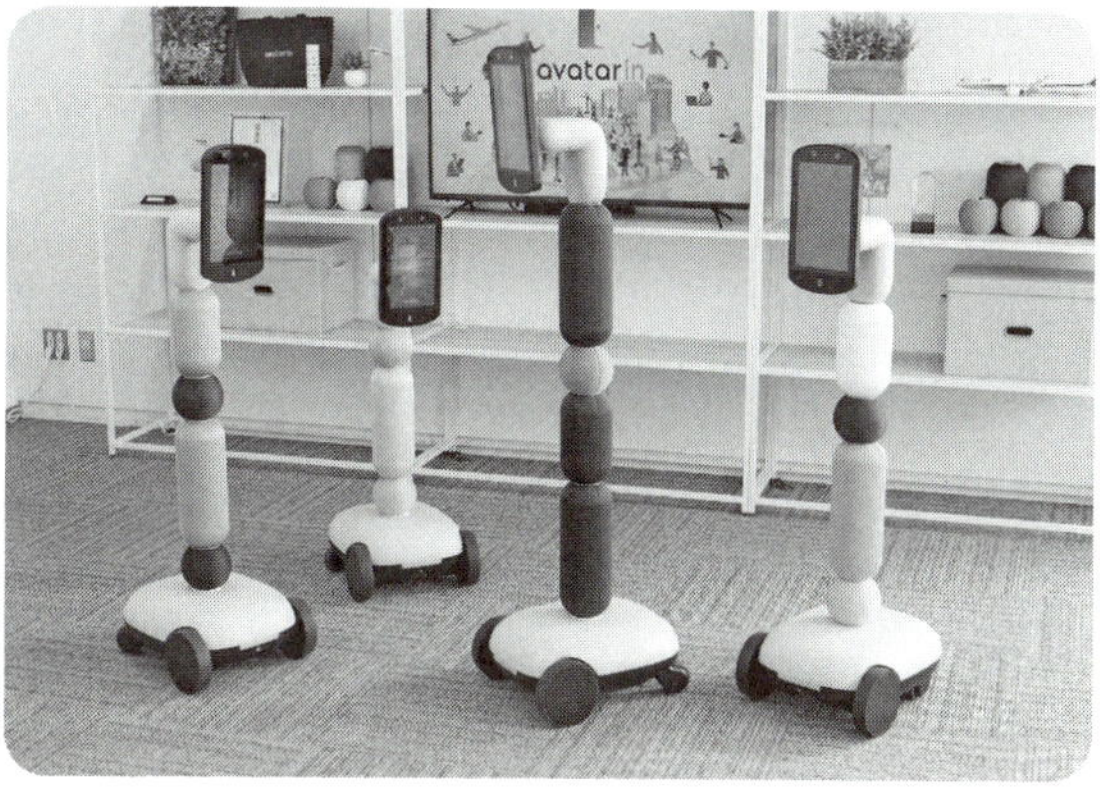


avatarin 株式会社の分身ロボット newme（©avatarin）

iPresence 株式会社が販売する、
分身ロボット Telepii（左）と temi
（右）（© iPresence）

ことで、誰《だれ》がロボットを操作しているのかがわかります。マイクやスピーカーが内蔵されているので、動き回りながら周囲の人と会話をすることができます。

avatarin株式会社のnewmeは空港や駅などの公共施設《しせつ》で、分身ロボットを介してお客様をご案内することができたり、イベント会場や児童生徒が遠隔《えんかく》で校外学習に行くことに使われたりしています。iPresence株式会社のtemiも、自分の病気、あるいは育児や介護《かいご》などの理由で自宅を離《はな》れられない人がロボットで出勤したり、学校に行きたいけれど行けない児童生徒がロボットを使って授業に参加するために利用されています。

この動き回れるロボットと、卓上型《たくじょうがた》の小さなロボットの間を「瞬間移動《しゅんかんいどう》」する使い方がここでも提供されています。たとえば、iPresence株式会社は、移動ができるtemiの他にも卓上型《たくじょうがた》の小さな「動く電話」Telepii(テレピー)を提供・システム開発しています。Telepiiもスマートフォンのアプリ画面を操作することで、左右に見たい方向を自由に変えることができます。

教室では、机の上にTelepiiを置いて授業を受けたり、友だちや先生とお話をしたりして、休み時間は体育館などに置いてあって自由に動き回れるtemiで移動して遊ぶ。このように異なる分身ロボットの特徴《とくちょう》を組み合わせることで、活動範囲《はんい》が広がる使い方もできます。

## 複数人で一台のロボットを動かす

また、一人で複数台のロボットを動かすのではなく複数人で一つの分身ロボットを動かすこともロボットの仕組みによってはできます。たとえば、OriHimeは設定を変更すれば、複数人が同時に同じロボットに入ることができます。それを利用して、複数人が一つのOriHimeにログインしていっしょに旅行に行ったという話も聞きました。みんなで同じ景色を見ることができることは、まるでOriHimeがパイロットさんたちを乗せるバスのようで、楽しいですね。

さらには複数人で協同して作業する試みも行われています。異なる場所にいる二人が一つのロボットを協同して動かす「融合《ゆうごう》」実験です。以前、分身ロボットカフェで、一つのロボットに二人のパイロットさんが入って、パンケーキのデコレーションをするイベントが行われました。このとき使われたロボットは、ロボットアーム(腕《うで》)と呼ばれ、いくつもの関節でつながった一本の白い管のようなものです。人間の腕《うで》が一つの方向にしか動かせないのに対し、ロボットの腕《うで》は上下左右どの方向にも動かせます。人間の手や指の代わりに、トングが付いていて、ホイップクリームを絞《しぼ》り出したり、フルーツをつまんでパンケーキの上に盛り付けたりすることができます。

気になる方は動画を見ていただければと思いますが、二人で動かしているとは言われなければわからないほどスムーズにロボットの腕《うで》が動いています。それもそのはず、パイロットさんたちはこのイベントのために三か月ものあいだ、練習を重ねてきたのです。

二人で一つのロボットをスムーズに動かすのは簡単なことではありません。

漫画《まんが》やアニメには、意思を持つAIや、人以外の生命体（宇宙人、怪獣《かいじゅう》、妖《よう》怪《かい》など）と人間が一つの身体に共存する話があります。

複数の意思が一つの身体に入っていると、自由に身体を動かせないようなシーンが描《えが》かれます。たとえば一人は右に、もう一人が左に行こうとしてその場から動けなくなったり、二人が同じ方向に行こうとして、思った以上に動いて転んでしまったり。そうならないためには、お互《たが》いの考えや体の動き方を調整して（いわゆる「シンクロ率」を高めていき）、複数の人（あるいは生命体）全員が自分の思い通りに体を動かしていると感じる状態（専門的な言葉で言うと、全員が行為《こうい》主体感《しゅたいかん》を持つ、と言います）に、していかなければなりません。

一人でロボットを動かすほうが、そのような調整をしなくて済むので楽かもしれません。ただ、二人以上でロボットを動かすことによって、いくつかのメリットもあります。たとえば、障がいをもっているパイロットさんは、長時間作業するのが大変です。複数人で操作を分担することで、身体への負荷を減らすことができます。また、一人の発想では思い浮《う》かばないような新しいロボットの動かし方などが生まれる可能性があります。

いろいろな特徴《とくちょう》を持つ分身ロボットを複数人で使うことで、さまざまな使い方ができるようになります。

## 忙しい現代社会

この本では分身ロボットを、自分の身体の分身となるロボット、というイメージで説明しています。

しかし、分身ロボットと聞いて、みなさんが思い浮《う》かべるものには別のイメージもあるのではないでしょうか。たとえば「ドラえもん」に登場するひみつ道具に「分身ハンマー」があります。このハンマーで頭をたたくと、自分の分身を生み出すことができます。自分にそっくりの分身がいると、二つ以上のことを同時にしなければならないときに便利です。

最近ではＡＩに自分の行動や発言を学習させて、自分の「クローンＡＩ」を作り出すサービスも展開されています。自分の考え方や話し方を学んだＡＩが自律的に行動したり、自分の考えを他の人に伝えてくれたりすることで、効率的に他の人と意見交換《こうかん》したり、知り合うことができたりします。そのため、会社の社長や政治家など、多くの人と話をしなければならない人のＡＩを作ろうとする事例が出てきています。

このようなクローンＡＩを使えば、一度に多くの人に自分の考えを発信することができます。また同様に、一度に複数人と会話をすることもできますが、ＡＩが自動的に行う会話が適切かどうかは、場合によってはまだむずかしいでしょう。自然な会話ができる対話型のＡＩは増えてきていますが、ＡＩは言葉の意味を理解して対話をしているわけではありません。そのため、間違《まちが》った内容をあたかも真実であるかのように話してしまうことがあります。

最終的な意思決定はＡＩに任せず、人間が行うべきとされる場面も、まだまだ多いです。政治的な判断や医療《いりょう》、法律的な判断だけではなく、身近なところでは、自分の友だちや親とのコミュニケーションでも、複数人と同時にメッセージをやり取りしていたり、複数のSNSアカウントを使い分けて投稿《とうこう》していたりすると、誤った発信や、いわゆる「誤爆《ごばく》」をしてしまったときのたいへんさがイメージしやすいかもしれません。そうならないためにも、もちろん、技術的な支援《しえん》もありますが、最終的にはやはり人間の目で内容を確認しなければならないことも、まだまだ多いでしょう。

情報技術の発達によって、一人が複数のタスクを同時にこなすことができるようになってしまっているのが、今の私たちの社会です。使い方によってはとても効率的でもあるのですが、忙《いそが》しくなりすぎてしまったり、集中力を必要としてしまったりするなど、一人ひとりがとても疲《つか》れてしまう社会にもなりかねません。

## 「無理をしない」という掟《おきて》

分身ロボットを労働現場に取り入れようとすると、場合によっては、このように忙《いそが》しい社会をさらに加速させてしまいます。

日本は超高齢《ちょうこうれい》社会、さらに人口減少社会に突入しており、労働力不足が大きな問題となっています。たとえば分身ロボットを使って、一人が複数の場所で同時に複数のお客さんの案内ができれば、一人で複数人分働くことができます。そうすると少ない人で多くの仕事ができるので、とても効率的です。

効率化という観点から、さまざまな情報技術が社会に導入されていくなか、分身ロボット OriHime には、効率化だけではない価値を追求するための非常にユニークな決まりがあります。

それは「無理をしない」という掟《おきて》です。

OriHime パイロットさんたちは全国各地さまざまな場所で接客や案内など、多様な仕事をしています。パイロットさんの多くは、冒頭《ぼうとう》に紹介《しょうかい》したように障がいや難病などさまざまな理由で外出がむずかしい人たちです。

そのため OriHime のパイロットさんたちは、少しでも体調が悪いと感じた場合には、すぐに休むことができます。

分身ロボットだからこそ、移動時間もなく、遠隔《えんかく》から操作して働くことができます。

そして「無理をしない」という掟《おきて》をみんなが安心して守れるように、パイロットさんたちが働く環境《かんきょう》では、誰《だれ》かが休んだ場合には、すぐに他の誰《だれ》かが代わりに入る仕組み、お互《たが》いの不調を互《たが》いに支え合う、そのようなサポートをしあう体制ができているのです。

## 技術を何のために使うのか

技術をどう使うかに関しては技術だけではなくそれを使う目的や、仕組みづくりといっしょに考えていくことが重要になります。

分身ロボットは、一人が複数の仕事を効率的にまわしていくための技術として使うこともできます。今までは物理的に同じ場所にいることができなかった人が、同時期にたとえば北海道と九州のお客さんに対応することができます。実際に小売りや物流のバックヤードや警備の分野でも分身ロボットは使われ始めています。自動化されたロボットの支援《しえん》を受けることで一人でも複数人分働くことができるため、労働の効率化や省力化がロボット導入の主目的です。

あるいは、今までは育児、介護《かいご》などの事情で家から離《はな》れることがむずかしかった人が、自宅にいながら出社することもできるようになります。

しかし、技術だけ導入して、働き方の条件や支援《しえん》の仕方を整えなければ、逆に分身ロボットで働く人に無理を強《し》いることになりかねません。

たとえば、一人で多くの仕事ができるようになると、その人が休んでしまった場合、その仕事がストップしてしまいます。それはなかなか「休みたい」とも言い出しにくい、労働環境《かんきょう》ではないでしょうか。

あるいは、育児や介護《かいご》もしながら仕事ができるというのは、育児と仕事、両方を同時にやらなければならない場面、たとえば子どもが病気で家にいるといった場合が発生したときに、無理を強《し》いることになります。

コロナ禍《か》で、「在宅勤務」や「テレワーク」という言葉も一般的《いっぱんてき》になり、家にいて仕事をしていても保育園に子どもを預けることが社会的に認められやすくなりました。しかしコロナ禍《か》の前は、在宅勤務の人は「自宅で育児ができる」とみなされて、保育園入園の優先度が下がってしまう場合もありました。

このように、技術があるから効率的になる、便利になる、楽になると思ったのに、働き方や制度、人々の意識が変わらないままだと、仕事の量が逆に増えて不便になることもあります。突発的《とっぱつてき》に作業が増えたときや、自分自身の体調が悪くなったときに対応ができなくなるため、結果的には非効率とみなされる可能性もあります。

そのため労働現場に分身ロボットを導入する場合、技術の持つ特性と、人の身体的、認知的な限界や可能性も総合して考えた働く環境《かんきょう》の仕組みづくりも同時に設計する必要があります。

たとえば分身ロボットだからこそ、空間的な制約がなく簡単に交代ができます。常に複数人が交代できるように待機することは「効率的」ではないかもしれませんが、無理せず人が働くことができる環境《かんきょう》になります。

もちろん特殊《とくしゅ》な技能を必要とする職場で、交代が容易にできないこともあるでしょう。あるいは現在のロボット技術では人間の手足のような細やかな動きをすることはむずかしいため、手作業や労働をともなう仕事はロボットで遠隔《えんかく》操作がしにくい仕事になるかもしれません。

「分身ロボットがあるから、無理をすることができてしまう」にならないで「分身ロボットがあるから、無理をしないですむ」となるためには、技術とそれをとりまく環境《かんきょう》の設計を適切にしていくことが重要です。

分身ロボットは障がいをもったり、外出が困難だったりする人たち専用の特殊《とくしゅ》なツールではなく、2050年の未来を描《えが》いた子どもたちの絵日記のように、誰《だれ》もが「無理をしない」社会、より選択肢《せんたくし》のある社会を作るために使っていってほしい。そのためにも、技術の特性や、使っている人たち、あるいは分身ロボットと接している人たちがどのような可能性を感じているのか、課題を感じているのかを、ひもといていくことがカギとなります。

そこで次の章では、実際にパイロットさんたちにインタビューした声を紹《しょう》介《かい》していきます。

# 第2章

# 分身ロボットのパイロットになる

## OriHime パイロットさんってどんな人たち？

この章では OriHime パイロットさんたちのインタビュー内容を紹介《しょうかい》しながら、分身ロボットのパイロットになるってどういう感じなのか、分身ロボットのいいところや課題について考えていきます。

２０２４年９月現在、「分身ロボットカフェ DAWN ver. β」にはパイロットさんとして85名の方が所属されています。

分身ロボットカフェ DAWN ver. β は株式会社オリィ研究所が運営しています。さまざまな理由で外出が困難な方々が、両手のひらにのる大きさの分身ロボット OriHime と、１２０センチくらいの大きさで、動き回ることのできる OriHime-D を遠隔《えんかく》操作してカフェでの接客サービスを提供しています。

小さな OriHime に入っているパイロットさんは、お客さんにカフェで提

上：OriHime-D の接客の様子　下：分身ロボットカフェ DAWN ver. βの店内全景(©OryLab Inc.)

供されている飲み物や食事を紹介《しょうかい》して注文を取ります。そのあとはお客さんといろいろなお話をします。パイロットさんの自己紹介《しょうかい》や趣味《しゅみ》などの情報がOriHimeの横に置いてあるタブレット端末に表示されているので、そこから会話が広がることが多いそうです。そうしているうちに大きなOriHime-Dを操作しているパイロットさんが飲み物を運んできたりして、そこでOriHime-Dのパイロットさんとも会話をしたりします。

株式会社オリィ研究所は2018年に期間限定で最初の分身ロボットカフェDAWNをオープンしました。その当時、カフェでの接客を担当したパイロットさんは10名だったそうです。

その後、2021年には現在の常設店舗《てんぽ》が日本橋にオープンし、お店に行けばいつでもOriHimeパイロットさんたちに会うことができます。

みなさんさまざまな背景があり、インタビューをするとそれぞれの立場からOriHimeや分身ロボットに対する考えを教えてくれました。

## OriHime パイロットさんの紹介《しょうかい》

この本ではパイロットさんの生《なま》の声を伝えたいため、私がインタビューを行った方々のうち、とくに分身ロボットカフェ DAWN ver. βでパイロットとして働いていらっしゃる4名の方々の発言を直接引用する形で紹介《しょうかい》します。

他のパイロットさんからも多くのすばらしいコメントをいただいていますが、紙面の都合上、限られた方々の声をお届けすることになります。

まずは冒頭《ぼうとう》の小学生プログラムにもご参加いただいた、ゆいさんとカーリーさんです。

ゆいさんは脳性麻痺《のうせいまひ》によって手足全体が動きにくい状態で、幼少期から車いす生活を送っています。絵がとっても上手で、夢は世界で活躍《かつやく》するアーティストになることです。大学生のときにニュージーランドやボストンに海外留学もされています。

カーリーさんは進行性の難病「後縦靱帯骨化症《こうじゅうじんたいこっかしょう》」の悪化により脊髄《せきずい》を損傷。手足全体が動きにくいため、車いす生活を送っています。OriHime を病院の窓口で活用する実験に参加したのがご縁《えん》となって、現在は東京都小平市にある「むさしの病院」に、OriHime からではなく実際に通って働き始めました。

また、もうお二方、ナオキさんとゆきさんのインタビュー内容も紹介《しょうかい》します。

ナオキさんは自分の心臓では体中に血液を送り出すことができない重症《じゅうしょう》心不全《しんふぜん》という病気を患《わずら》っていて、補助人工心臓を取りつけています。心臓移植を待機していましたが、2024年7月に無事移植をされたそうです！お話がとても上手で、いろいろなところで講演や司会をされています。

ゆきさんは慢性疲労症候群《まんせいひろうしょうこうぐん》という疾患《しっかん》を患《わずら》っていますが、病気が悪化するまでは看護師をされていました。障がい者自身が障がいをもっていない人と

カーリーさん

ゆいさん

ゆきさん

ナオキさん

の対話の場を設計する、障害平等研修(Disability Equality Training: DET)のファシリテーターの資格を取って活動されています。

SNSで発信されている人もいるので、ぜひアカウントをのぞいてみてください。ファンになってしまうこと間違《まちが》いなしです。

## 分身ロボットを使って働くことで生じた変化

パイロットさんたちのプロフィールやSNSを見ると、みなさんとても生き生きと、楽しくお仕事をされている様子が伝わってきます。でも、実際にお話をうかがってみると、最初からみなさんこんなにポジティブではなかったというのです。

OriHimeを使った働き方を知ることによって、そして実際に働きはじめることによって、気持ちの切り替《か》えができたり、今まであきらめていた夢を再び見はじめることができるようになったそうです。

ゆい

自分はけっこう「こうあるべきである」という固定観念が強くて。仕事に関しても、ずっと、「通勤を含めてこそ仕事だから、通勤しないで家で仕事するのもいいけど、絶対ダラダラしてしまうから、それはだめ」とか「ちょっと無理してでも、仕事に行くのがあたりまえ」とか。

でもパイロットとして働き始めて、こんな働き方もあるんだなっていうところで肩の荷がやっとおりたというか。

OriHimeでいろんなできることが増えていくうちに、「こんなこともできる、あんなこともできる」、「海外にもOriHimeで行けるかも」ってどんどんやりたいことも増えて自己肯定感《じここうていかん》も上がりましたね。

あと気持ちの切り替《か》えも早くなりました。失敗してけっこう引きずるタイプだったんですが、OriHimeだと顔が見えないのもあって、声だけでも明るくしてれば、何とか気持ちもついてくるかなって思うところもあります。OriHimeに入ったらパッと明るくなる、みたいな切り替《か》えもできるようになりました。

ナオキ

このまま、「俺《おれ》はもうだめなんだ」みたいな感じで、うつむいて歩いてたんですね。外出するのは本当に通院のみで、歩くときはアスファルトの暗い色しか見ることができなかった。

何もしないでいると、病気のこととか、悪いことばかり考えてしまうので、もっと外……たとえたどりつかなくても、一生懸命《いっしょうけんめい》、その日その日を生きていきたいっていうのもあったので、パイロットに応募《おうぼ》したんです。

今まで内向きだったのが、「応募《おうぼ》したい」、「仕事したい」っていう前向きな気持ちに変わった。自分にとっては就労したいという喜びがまた生まれてきたっていうのがあって、本当にうれしかったたっていうことは今でも思います。

OriHimeのことを考えると、自然に上を向けるようになったっていうのも大きいです。

接客してみて、直《じか》にその場で話しているような感覚になって、すごく楽しくて、うれしくて。またみんなのところっていうか、この社会に戻ってこられたっていうのは本当にうれしかったですね。

ぼくは今まで元気に仕事していたんですけど、突然《とつぜん》、病気で仕事ができなくなった。

でも、「自分が今、できることがあるんだぞ」っていうのを多くの人に伝えたいですし、もともと寝《ね》たきりだったり、障がいのある方々も、自分がもっている夢、たとえば、「OriHimeを使って飛行機のアテンダントできたりとかするんだぞ」とか、「舞台で、演奏者になることができるんだぞ」とかいう夢がかなうってことを多くの人に知ってもらいたいと思っています。

## 分身ロボットを使った接客ってどんな感じ？

OriHimeのよいところは何か、をパイロットさんに聞くと、首の角度や向きを変えられることを挙《あ》げられる人が多くいらっしゃいます。

オンライン会議ツールでは、話をしたい方向に自分で向きを変えることはできないので、一人だけオンラインだとテーブルにたくさんの人が座っていると誰《だれ》に向けて話をしているかがわかりません。

OriHimeができることはパイロットさんがしゃべる声を伝えること、そしてパイロットさんが操作する向きに顔や手を動かすこと、それだけです。表情が変わるわけではありません。

それでもロボットの顔や体の動きが加わるだけで、他の誰《だれ》でもなく「自分」に話しかけてくれるパイロットさんの存在を感じられるようになります。30分くらいOriHimeを通してパイロットさんと話をしていると、見かけはみな同じロボットなのに、パイロットさん本人と話をしている気になってきます。顔の向きがほんの少しだけ動いただけですがパイロットさんと「目があった」と感じます。

冒頭《ぼうとう》で紹介《しょうかい》した2024年8月のイベントには、ゆいさんとカーリーさん用にOriHimeが2台置いてありました。初めてOriHimeを見る人たちも多かったのですが、30分パイロットさんの肉声を聞いてお話をしているうちに「ロボット」ではなく「ゆいさん」、「カーリーさん」だと感じるようになった、というコメントもありました。

分身ロボットカフェの常連さんともなると、もっとすごくて、話をする前に、顔の向きや手の上げ方を見ただけで、どのパイロットさんがそのOriHimeを操作しているのかが、わかってしまうそうです。

**カーリー**

――OriHimeに入った瞬間《しゅんかん》、ぼくの場合、手が上がるかなとか試しに動かすんですけれど。それに癖《くせ》があるみたいで、「今入ったのはカーリーだな」とか常連さんにはわかるらしいです。体を動かす、会話をするときの首の動きで、ぼくの場合って、けっこう常に動いているみたいで。いろんなパイロットがいるなかで、動かし方にそれぞれ個性が出てくるみたいです。

また、ぼくの同級生とかがカフェに来てくれるときは「カーリー、会いに来たよ」って言ってくれる。あくまで、そこにいるのはぼくの分身なんだけど、ぼくに会いにきてくれたっていう言葉がすごくうれしくて。

ロボットじゃなくて、あくまで一人の人間として見てもらえるっていうところが多分、みんな、全パイロットがうれしく思っているところじゃないかなって思います。

**ゆい**

「ロボットだから、すごい冷たい印象かと思いました」とか「人間味がない気がしたんだけど、すごく目線が合うし、うなずいてくれるから、もうゆいさんがここにいるみたいだ」って言ってくれて。「なんだ、なんかロボットも活用法によってはあったかいですね」って言って帰ってくださる方もいるから、そこも変化を起こせてるんじゃないかなとは思います。

カフェの常連さんのなかには、パイロットさんのファンであり「この人と話をしに行きたい」と思うから、カフェに通っているという方も多くいらっしゃいました。どなたにあたっても、みなさん話がおもしろいし、すごい背景をもっている方とかもいらっしゃって、アイドルや「推《お》し」に会いに行く感じで通っていますという人もいました。

さらに障がいをもっている子どもたちやその保護者にとっては、自分もこういう職業に就《つ》きたいという、あこがれの存在にもなります。

**ナオキ**

障がいをおもちのお子さまで、ずっと寝《ね》たきりのお子さまが以前カフェに来てくださって、その子がぼくの誕生日にハッピーバースデーソングを歌ってくれたってことが、本当に涙《なみだ》が出ましたね、うれしくて。

そのお子さんも「カフェの店員になりたい」とかって思ってくれてるので、そういった子どもたちのあこがれの職業になるような感じで、ぼくらも「がんばらなきゃいけないな」っていうふうに思ったしだいで。

分身ロボットでの働き方にあこがれをもっているのは、障がいをもっている子どもたちだけではありません。2024年8月のイベントに参加した小学生のなかには、自分も将来OriHimeを使ってカフェで接客をしたいという子もいました。先輩《せんぱい》パイロットさんたちが生き生きとして歩んでいる道は、障がいのあるなしにかかわらず子どもたちにとってのあこがれの職業にもなっているのです。

ロボットの外見に関しておもしろいなと思ったのは、カフェのお客さんに「OriHimeではなく顔の見えるオンライン会議ツールで接客されるカフェに行きたいと思いますか」と聞いたときでした。

カフェの常連さんのなかには「モニターにいかついおっさんがいたら、私は行かないと思う。OriHimeがかわいいからそばに行って話をしてみたくなる」と笑って言っていた方がいました。見かけと声のギャップがあるけれど、それも逆におもしろいと。

インタビューしたパイロットさんのなかにも、「おじさんなのに『かわいい』って言われるとうれしいから、ついいろいろしゃべりたくなってしまう」とちょっと恥《は》ずかしそうにおっしゃる方もいらっしゃいました。

分身ロボットは中立的な外見だからこそ、パイロットさん自身がもっている社会的な属性(年齢《ねんれい》、性別、見かけ)に対する偏見《へんけん》や思い込《こ》みを抱《いだ》くことがなくなります。その意味では、分身ロボットのパイロットさんとしてふるまうことで自由を感じる人もいます。

でも、もちろん、本当の自分だったら決して「かわいい」と言われることはないのに、分身ロボットに入っていると、面と向かって「かわいい」と言われてしまうことに対して違和感《いわかん》をもつパイロットさんもいます。そのため、パイロットさんのなかには、OriHimeの外観をもっと変更ができたらいいのに、という人もいれば、いや、このままでいいんだ、という人もいて、考え方も多様です。

分身ロボットの外見に関しては、お客さんに対するインタビューからもさまざまな考えをうかがいました。

初めて分身ロボットカフェに来たというお客さんは、人間は小さいもの、自分がかがんで目線を合わせようとするものに対しては、暴力的なものの言い方はしづらいという心理的な効果があるのではないかと発言されていました。

また、小さくてかわいい外見のOriHimeだからこそ、外見の情報に左右されることなく、会話だけに集中できて話が弾《はず》むのかもしれません。人の顔を見て話すと緊張《きんちょう》してしまうなど、人の顔色をすごくうかがってしまう人たちにとっては、OriHimeの表情が変わらないからこそ、安心して話ができると指摘するパイロットさんもいました。OriHimeが相手だからこそ、初対面の接客でもすごく深いお話ができることもあるそうです。

お客さんだけではなく他のパイロットさんと話すことで、パイロットさん自身の障がいに対する考え方も変化しています。

**ナオキ**

自分たちの身体の都合が悪いというのが「障がい」と思っていたんですけど、「そうじゃないな」って思ったんです。

「障がいがある」っていう考え方自体が障がいだった。だって、本当にすごいんですもん、パイロットのみなさんのスキルが。イラストを描《えが》くのが上手だったりとか、視線入力ですごい写真のように絵を描《えが》いてる人とかもいますし、英語を本当に流暢《りゅうちょう》に話すパイロットさんもいるんです。本当に新鮮《しんせん》というか、驚《おどろ》きというか。この言い方もおかしいですけども。本当に彼《かれ》ら、彼女《かのじょ》らから学ぶべきことがたくさんあるんですよ。

しかも、その方々の仕事に対する情熱っていうのもすごくて。自分がうかうかできないなっていうか、自分も勉強しなくちゃいけないないなっていうふうに思います。

だから、本当にみんなには感謝してるんです。自分を、またこの年になって成長させてもらってるっていうのが本当にわかりますよ。

お客さまも多分、そういうふうに思ってくださってると思うんですよ。最初は「どんな感じなんだろう?」って感じでお見えになられてたと思うんです。でも実際、話してみると、ふつうに会話とかしたりとか、ふつうにコミュニケーションをとったりとか、すごい話題で盛り上がったりするので。帰るときは、本当にみんな笑顔で帰られるんですよね。

だから、そこには障がいはなくなってるんだろうなっていうふうには思いますね。

## 生身《なまみ》の自分と分身ロボットの自分の使い分け

パイロットさんとお話をしていると「生身《なまみ》」という単語がよく出てきます。分身ロボットではなく、自分自身の身体を使って人に接するときに「生身《なまみ》で会う」などと使われます。

生身《なまみ》以外にも、現在はオンライン会議ツールを使って会話をすることもできるので、さまざまな方法で人と話をしたりすることができます。

そこで、パイロットさんに、オンライン会議ツール、分身ロボット、そして生身《なまみ》の感覚の違《ちが》いを聞いてみました。

多くの人に共通していたのは、「初対面の人とは分身ロボットで会うのが楽」という話でした。これは、大人だけではなく特別支援《とくべつしえん》学校の生徒さんも同じでした。

OriHimeを使うと、自分の顔や表情は相手には見えません(OriHimeを操作している側からは相手の顔を見ることができます）。

障がいをもっている人たちにとっては、自分の見られたくないこと、言いたくないことを隠《かく》せる分身ロボットを通して会話をすることで、相手や自分に余計なことを考えさせずに、その人そのものを知ってもらうことができます。

ゆきさんは小学生の多様性教育の一環《いっかん》としてOriHimeを使うプロジェクトに参加されていて、そのメリットについて以下のようにおっしゃっています。

**ゆき**　障がいをもっている人について知るとき、子どもたちにとっては、OriHimeというロボットの外見で仲良くなった人が、実はこういう生活をしているんだって知ったほうが衝撃《しょうげき》は少ないのかなって思うんですね。
子どもたちに、以前、「OriHimeパイロットって、どう思う？」って聞いたら「自分たちと同じ」っていう、仲間というか、「ふつうの人」っていう答えが返ってきたんです。なので、障がいをもつ人を別なジャンルの人、別な違《ちが》う人、世界が違《ちが》う人って思わずに済む。

そういう入り口としてはすごく、OriHimeはいいんじゃないかって思うんです。

病気や障がいって、見えるものだけではないですし。

そう考えると、仲良くなった後からその人の病気や障がいを知ることも、ふつうにあると思います。なので、そういう部分で、OriHimeは助けになるというか。その人を知って、後からその障がいを知っていく、理解を深めていくのもいいんじゃないかなと思います。

ナオキ

障がいをもっている方を見ると、最初に「かわいそう」とかって思ってしまう人もいるかもしれないじゃないですか。また自分の姿を「見られたくない」って方もいらっしゃいますよね。

でも、ロボットに入ると声を発することによって、OriHimeがどんな感じで、どんな表情で映ってるかは、見てる方しだいじゃないですか。「すごい今、笑ってるんだな」とか「楽しんでるな」っていう、本当に想像しながらお話しすることができるので。ふつうに対等に会話できるというか、それはいいところだと思います。

一方で、ロボットによって隠《かく》されてしまうことは、必ずしも良いことだらけというわけでもありません。音声通話も同じですが、相手には自分の状《じょう》況《きょう》が見えないため、言わないと自分に障がいがあることは伝わりません。楽しく一回限りお話しするだけならば、それでもいいかもしれないですが、いっしょに仕事をするとか、障がいについて知ってもらいたい場合は、相手に自分の状況《じょうきょう》をあえて説明して理解をしてもらわないとコミュニケーションや連携《れんけい》がうまくとれない状況《じょうきょう》も出てくるでしょう。相手との関係性や状況《じょうきょう》によって、どこまで、どのタイミングで何を伝えるかの判断がむずかしいこともでてくるかもしれません。

**ゆい**

「障がい者について知ろう」とかいうときは、生身《なまみ》で行ったほうが説得力が高い。「本当は障がい者にこういうイメージがあったけれども、実はゆいさんは私たちと同じなんだ」って感じてほしいなら、生身《なまみ》のほうがよい。

ただロボットだと、うまく隠《かく》せてしまうので、たとえば言いたくないこととか、見られたくないところとかを隠《かく》した状態から、何かカミングアウトをしないといけないってなったときは、ロボットでいる時間が長いほど、たぶん溝《みぞ》ができてしまうので。ロボットでいるときに口頭で言っておくか、それかもう意を決して生身《なまみ》で会うときに、全部さらけ出すかっていう感じです。

ただ「障がいについて知ってもらう」ことと「障がいをもっている人について知ってもらう」ことは必ずしも同じことではありません。どちらを目的としたいのかによって、どのようにして障がいをもつ人との出会い方を設計するべきかは変わってきます。

**ゆき**

たとえば、小学校とかで、福祉《ふくし》の授業で特別支援《とくべつしえん》学校に1時間訪問するってなると、まず呼吸器つけているとか見た目の衝撃《しょうげき》だけで、その人を知ることができるほど時間を作れない。コミュニケーションもとれない状態で、その授業を終わってしまうと、見た目の衝撃《しょうげき》だけが記憶《きおく》に残ってしまうと思うんですよね。

そういう授業よりは、OriHimeを使って、よく話をしてみてその人を知ることから始めるほうがきっと効果的じゃないのかなとは、私は思います。

現在、オンライン会話ツールや分身ロボットなどさまざまなツールを使えるようになってきています。だからこそ目的によってツールを使い分けることが大事なのだと思います。

## だれもが分身ロボットを使える社会へ

分身ロボットだからこそ、なかに入っている人の区別がなくなる、健常者であっても障がい者であっても平等、というのも、おもしろい特徴《とくちょう》かもしれません。

**カーリー**

外出困難とか障がいがあっても、健常者の人と同じ立ち位置でいれるっていうとこがすごくうれしい。

まだまだそうは言っても、そうやって分身ロボットを入れている企業《きぎょう》って少ないと思います。自治体もそうだし。障がい者は障がい者、健常者は健常者っていう区別があるんですよ。

ただ、分身ロボットに入ってしまえば、みんな同じ立ち位置で同じことができる。どんどん、そういったものが広がっていかないのかなっていうふうには思っていますね。

---

障がいをもっていなかったとしても、社会とつながることが物理的に、あるいは心理的に困難な人たちもいます。

**ゆき**

慢性疲労症候群《まんせいひろうしょうこうぐん》の症状《しょうじょう》で具合が悪かったときにも、病気の啓発《けいはつ》をしたり患者会《かんじゃかい》をつくったりもしていたんですが、考えてみれば、具体的な病気だと診断《しんだん》されていない私たちと同じ病気の人たちもたくさんいるわけです。

社会とつながれないっていう状況《じょうきょう》が、まず問題なんだろうなって。

障がいや病気に限らず、高齢《こうれい》の方も、とくに冬の北海道は外出がなかなかむずかしくなったりもしますので、そういう方たちにも使っていただいて、一人でいる、孤独《こどく》になってしまう、社会とつながれないという人たちが社会とつながって、もっと社会もその人も活発に活性化していくものとして使えるんじゃないかなって思うので、もっといろんな使い方をしたい、できたらなと思います。


ゆきさんが指摘《してき》するように、私たちの社会にはさまざまな理由で家から出ることができない、家を離《はな》れることができない人たちがいます。これを読んでいる人たちのなかには、今は元気で自分や家族がそのような状況《じょうきょう》になることは想像できないという人もいるかもしれません。

でも、たとえば病気やけがのために家や病院から出られなくなったこと、なんとなく学校や職場に今日は行きたくないなと思ったことはないでしょうか。今は元気でもどんなきっかけで私たち自身が、今はあたりまえのようにつながっている社会と、ある日突然《とつぜん》、あるいは少しずつ、つながれなくなってしまう可能性はゼロではないのです。

そんなとき、分身ロボットを使うことで社会の人たちとのつながりを保ったり、新しいつながりをつくったりするきっかけになるかもしれません。

あるいは、もしかしたらたいへんなときだけ分身ロボットを使うのではなく、冒頭《ぼうとう》の小学生が2050年の未来を考えてくれたときのように、今日のお出かけは生身《なまみ》でいく？　それとも分身ロボットでいく？　のように気軽に選ぶことができる、そんな世の中になっていくのかもしれません。

# 第3章

# 分身ロボットを通して考える社会

## 分身ロボットとめざす社会

分身ロボットが使える場所は、カフェ店員からはじまって、役所や病院などの受付業務、お店での販売員《はんばいいん》などどんどん拡大していっています。学校では、長期に入院したり、何らかの理由で学校に行くことができない子どもたちが分身ロボットを使って、遠足にいっしょに行ったりといった利用がされています。

現在、特定の条件を満たせば、遠隔《えんかく》で授業を受けても単位の取得ができるようになってきており、分身ロボットを使って授業を受ける事例もあります。ただし実際に利用した生徒さんや先生にインタビューしたところ、授業を「受けるだけ」であれば、分身ロボットよりは黒板が良く見えるように設定されているオンライン会話ツールのほうが授業に集中できるそうです。

ただし、自分が授業を聞くだけではなく、他の子どもたちと「いっしょに授業を受けている」という存在感や一体感を感じさせるのであれば分身ロボットは本領を発揮します。

オンライン会話ツールでは、パソコンやタブレットのカメラで見える範囲《はんい》が固定されています。これに対して分身ロボットの多くは、卓上式《たくじょうしき》の場合、操作者の意思で上下左右に周囲を見回すことができます。授業で先生だけではなく発言している生徒のほうに首を回して見ることができるため、教室の様子をうかがうことができます。

またパソコンやタブレットだと、画面の向こうにいる人の存在に周囲の人は気がつきにくいです。しかし分身ロボットによっては首や体を動かすときに、かすかなモーター音がするので、それによって「誰《だれ》かがいる」という存在感を周囲の人は感じるそうです。このような存在感を示すことができるので、長期入院から戻《もど》ってきても「久しぶり」という感じがしなかったり、遠足など郊外《こうがい》に行ったときにも「(分身ロボットで)いっしょに行った」という印象を、操作する側だけではなく、ロボットと接していた側も持つことができるそうです。

また、特別支援《とくべつしえん》学校の生徒さんたちが就労体験としてOriHimeカフェで接客を体験するプログラムも展開されています。

特別支援《とくべつしえん》学校の生徒さんたちの就労体験というと、今までは工場などでの作業が多かったのですが、OriHimeを使うことでカフェでの接客が体験できるようになりました。選択肢《せんたくし》が増えたことに、生徒さんだけではなく、学校の先生や保護者の方たちからも喜びの声を聴《き》きました。

分身ロボットを使って働くのであれば、接客以外にほかの体験もあるだろうと思うかもしれません。しかし、いろいろパイロットさんや支援《しえん》学校の先生たちとお話をしていてわかったのは、障がいをもっている人たちは、自分たちが「ありがとう」と、サポートしてくれる人たちにお礼を言ったり、「お願いします」と助けを求めることはとても多いけれども、逆に見知らぬ人から「ありがとう」と言ってもらう機会がほとんどない、ということでした。

受付や案内を含めた接客を行うことで人の役に立ったと実感できる、達成感を得られる機会を増やすことは、たとえ将来、自分が分身ロボットで接客をする仕事につかないとしても、貴重な経験になることは想像に難《かた》くありません。

**ゆい**

「何で障がいがあるのに働こうと思うんですか?」って聞かれることがあります。今までで一番印象的な質問です。無理に働かなくても金銭的な福祉《ふくし》制度があるのに……と続きました。

今まで働きたくてたまらなかった人間にとって、とらえ方によっては「何でそんなこと聞くの?」と戸惑《とまど》う質問かな。でも失礼を承知で、ただ純粋《じゅんすい》に気になる・疑問を解決して今後の考えに活かしたいという感じが伝わってきて、そのときの自分の考えや気持ちを伝えたのを覚えています。

「生きてたら生活しないといけないし、たぶんみなさんも仕事やアルバイトがあるから行くけど、ずっと学校も行かなくてよくて、仕事もしなくてよかったら、すごく何しよう？　って暇《ひま》になりますよね」っていう生活のメリハリの話をして。

「社会とつながれてるってすごく安心感あるし、生まれてきたからには何か活動したいし。生産的なことをしたいですよね」っていうようなことをお話ししました。

そうしたら「言われてみればそうですね。学校も行かなかったら暇《ひま》になりますよね」、「ありがとうございます！」って言って帰ってくれたりしたんですよ。

OriHime の開発者である吉藤《よしふじ》さんは、「孤独《こどく》の解消」を目的として分身ロボットを開発しました。「孤独《こどく》」を抱えているのは、障がいを持っている人だけではありません。OriHime パイロットさんのなかには、日本ではなく海外から分身ロボットカフェで働いている日本の人もいます。その他にもご家族がご高齢《こうれい》だったり、障がいをもっていたりして24時間介護《かいご》が必要なために、外出が困難になっている人もいます。

外出が困難であるということは、たとえるなら毎日が同じことの繰《く》り返しであるかのように感じられてしまうような状況《じょうきょう》です。そうすると、たとえ多くの人に囲まれていたとしても「孤独《こどく》」を感じてしまうこともあるでしょう。

孤独《こどく》の解消とは、ただ単に社会とつながっているというだけではなく、社会のなかで役割があると感じられること、誰《だれ》かの役に立っていると感じること、知らない世界や知識に触れてもっと知りたいと好奇心を掻《か》き立てられること、そして次はこういうことを知りたい、やってみたいと希望が持てることだと思います。

生身《なまみ》の身体ではないかもしれないけれど、分身ロボットを使えばあきらめていた夢に挑戦することができるかもしれない。社会とつながることができるかもしれない。選択肢《せんたくし》が増えることによって、今まであきらめていた人たちがあきらめなくてよくなる社会になります。

それこそが分身ロボットがある社会の一つの未来像であり、それを現実にするためのさまざまな事例を私たちは今日《こんにち》、見ることができます。

## 分身ロボットが直面する課題

今までこの本を読んできた人たちは、分身ロボットOriHimeを実際に見てみたい！　パイロットさんたちと話をしてみたい！　自分もOriHimeパイロットになりたい！　と思われたかもしれません。

でも残念ながら2024年現在、分身ロボットOriHimeパイロットさんたちに確実に会えるのは東京の日本橋にある分身ロボットカフェDAWN ver.βしかありません。イベントでOriHimeパイロットさんたちに会えたりとか、あとは「キャラバン」という名称で、東京以外のカフェで出張店舗《てんぽ》が短期間展開されることもありますが、常設店舗《てんぽ》は今のところ日本橋のみです。

また、初めてカフェにきたお客さんにインタビューしていたとき、その人はパイロットさんとの会話をとても楽しんだといいつつも、パイロットになれるのは恵《めぐ》まれている方《かた》なのだなと思った、とコメントされました。

何をもって「恵《めぐ》まれている」と思うかを聞くと、パイロットとして働けること自体が、他の同じような障がいをもっている人たちには与えられていない機会であるという意味でした。

現在、公式のOriHimeパイロットさんは85名いらっしゃいますが、日本橋の常設店舗《てんぽ》も物理的な面積が限られていますし、OriHimeの台数も限りがあります。パイロットになりたい人たちが多くいらっしゃったとしても、すぐに100人、1000人へと増やしていけるわけでもありません。

また、いくつかの県では、県が分身ロボットをレンタルしたり購入《こうにゅう》したりして学校や施設《しせつ》に貸し出していますが、空きがあるときしか、また学校や施《し》設《せつ》側で分身ロボットを利用する準備ができているところでしか、使われていません。

この「準備」にはさまざまな観点があります。まずは分身ロボットを利用しようと思う心の準備ができているかが最初のハードルになります。新しいツールや仕組みを導入するために、分身ロボットのことを知ったり、実際に使ってみたりする時間があるか。新しいツールや仕組みを導入しようとするのに熱意を持っている人が現場にいるかどうかが導入の重要な要素となります。

その他に、環境《かんきょう》の準備もあります。遠隔《えんかく》操作する人は、分身ロボットがあることで場所の制約がなくなりましたが、分身ロボットそのものは電源とインターネットに接続できる場所でしか使えないという制約があります。電源の問題は小型のバッテリーを使うことで、ある程度動き回れるようにはなります。インターネットもWi-Fiにつなぐことで自由に動き回れるようになっています。

しかし逆に言うとWi-Fiの電波が弱いところでは、会話が途切《とぎ》れたり、声が聞こえにくくなる可能性があります。つながらなくなるたびに職場や病院、学校のIT担当者が呼び出されます。最近では無線でかつ安全なインターネットサービスが利用できる公共の場所も増えてきていますし、モバイルWi-Fiも使える場所が増えてきていますが、学校や役所などのインターネット環境《かんきょう》がまだ整っていない場所も多く、分身ロボットが動き回る場所の整備も課題の一つとなっています。

また日本以外に目を向けると、開発途上国《とじょうこく》などにはインターネットへのアクセスがまだ十分ではない国も数多くあります。分身ロボットを世界中の国で使いたいと思っても、場所や地域によっては分身ロボットを動かすことができません。将来的にはスマートフォンのように一人一台、あるいは一家に一台のように分身ロボットがいる社会が訪れるかもしれませんが、その未来はまだ少し遠そうです。

さらに、分身ロボットが今後一人一台のように普及《ふきゅう》するためには、多様なサービスが提供されることと認知度の向上が必要となってくるでしょう。

現在、OriHime は株式会社オリィ研究所から購入《こうにゅう》することも、レンタルすることもできますが、一人一台とするには少し高額です。導入や利用を検討している自治体の人にインタビューしたとき、その人は今後は分身ロボットの企業《きぎょう》間競争が起こることによって個別ニーズに合ったサービスがでてくるのではないかと期待をしていました。

実際、さまざまなロボットが現在サービスとして利用できるようになりつつあります。たとえば少し高価だけれども高機能な分身ロボットは職場や学校でみんなと使い、家族や友達と使うためには別の分身ロボットを自分が購《こう》入《にゅう》、レンタルするといった使い分けもあるかもしれません。

利用方法やニーズに合わせたサービスが数多く提供されることで、認知度があがり、分身ロボットがスマートフォンのように身近になる未来もそう遠くはないかもしれません。

ただ身近になって多くの人が利用するようになると、法的やセキュリティ的な観点からの議論や整備も必要になってきます。

たとえば、操作している人の顔が見えない分身ロボットを、本当に「本人」が動かしていると、どのように保証できるでしょうか。分身ロボットを使用して働いているときに、機密情報を扱《あつか》うことがあるかもしれません。そのときに、本人であることを証明したり、本人以外はアクセスしていないことを証明したりできることが重要となります。

あるいは分身ロボットがハッキングされて勝手に操作されないようにするには、どうしたらよいのか、といったセキュリティの問題もあります。

さらには、カメラを通して遠隔《えんかく》先の景色を見ることができる分身ロボットは、背景に映り込んでしまう人たちのプライバシーを侵害《しんがい》したりする可能性を否定できません。

とくに欧州《おうしゅう》などプライバシーや個人情報に関する法律がきびしい国や地域では、病院や自宅から分身ロボットを使って授業に参加したいという児童生徒がいる場合、教室にいるすべての児童生徒、そしてその保護者の承諾《しょうだく》を得る必要があるそうです。

また、学校の外にいる人の許可を取ることは原理的に不可能なので、分身ロボットを使って校外学習に行くなど、学校から外に出ることはむずかしいと考えている地域もあるといいます。

残念ながら、技術を悪用しようとする悪意のある攻撃者《こうげきしゃ》がいないとは言い切ることはできません。分身ロボットを使ってメリットを得ている人たちが不利益を被《こうむ》らないように、分身ロボットを使う人たちを守るために、法律、倫理《りんり》、経済、社会などの制度を考える人たちもいっしょに、分身ロボットが普及《ふきゅう》する社会の仕組みを考えていくことが重要となります。

分身ロボットを利用する側だけではなく、分身ロボットが導入される社会にいる私たち自身も、分身ロボットがあることで、どのようなメリットがあるかと同時に、プライバシーやセキュリティの問題が起こりうるのかについても考えていくことが大切なのです。

## 「カフェ」としての今後の方向性

分身ロボットカフェDAWN ver.βの目的は、外出することが困難であっても、寝《ね》たきりであっても、社会とつながって働ける場所を提供することです。

カフェの常連さんの話を聞いていると、吉藤《よしふじ》さんの活動目的である「孤独《こどく》の解消」という活動理念に共感している人が多くいました。またパイロットさんたちのファンになっているので、彼《かれ》らに会いに来る、応援《おうえん》したいという思いもそこに重なってきます。

一方で、イベントなどで1回だけ来た人たちからは「忙《いそが》しい現代人が、パイロットさんと話を楽しむというカフェに何回も来たいと思うだろうか」、「パイロットさんのファンになった人しかリピートしないのではないか、つまりパイロットさんの腕《うで》によってしまったり、新しいイベントや企画《きかく》を常に出し続けないといけないのではないか」という声も聞こえてきました。

つまり、「パイロットさんやカフェの飲み物や料理が好き」だから来る常連さんを増やすことを狙《ねら》うのか、「いろんなイベントをやっていたり、新しいパイロットさんと話をしたいから行く」という非日常のエンターテインメントを求める新規のお客さんを増やすことを狙《ねら》うのか、そのすみわけなどの戦略が重要になってくるのかもしれません。

もちろんこれは両立が可能ですし、さまざまな新しい試みを「実験」するのがカフェのコンセプトでもあるので、お客さんもさまざまな試行錯誤《しこうさくご》をいっしょに楽しみながら分身ロボットのいるカフェのあり方を考えていくのだと思います。

## 人とロボットの境界線

分身ロボットカフェで働く店員さんは、パイロットさんといっしょに働いている時間が長ければ長いほど、その分身ロボットが、パイロットさんその人のように感じるようになるそうです。

これが、「そこにいる」という存在感を出せる分身ロボットの特徴《とくちょう》なのかもしれません。

分身ロボットがまるでパイロットさん本人であるかのように扱《あつか》われることがよくわかるのが、分身ロボットの上に急に何か落ちてきたとか、あるいはコードが引っかかってロボットが倒《たお》れてしまったりしたときです。

周囲の人はとっさに「〇〇(パイロット名)さん、大丈夫!?」のように、駆《か》け寄って声がけする場面が見られます。

遠隔操作《えんかくそうさ》しているパイロットさん自身は操作しているロボットに何か起こっても、画面から見えている視界がさえぎられたり、動いたりすることに驚《おどろ》くだけです。本人の身体とロボットの身体は連動していないので、とくにパイロットさん本人の身体に問題はありません。でも周りからすると、ロボットはパイロットさん本人であるかのように思えてしまっているので、とっさに「大丈夫ですか」と声がけしてしまうのです。

「私は大丈夫ですよ!」とパイロットさんの声がかえってくることで、はっとして、そうだった今、目の前にいるのはロボットでパイロットさん本人ではないんだ、と思い出されて周囲で少し笑いが起きる、という瞬間《しゅんかん》はよくあるそうです。

周囲の人が分身ロボットをパイロットさん本人であるかのように思ってしまうのと同様に、パイロットさん本人も分身ロボットを、文字通り自分の「分身」、つまり自分の身体が拡張されたものだと思ってしまっているようなエピソードもいくつかあります。

そのうちの一つで私がおもしろいなと思ったのは、分身ロボットの頭を叩《たた》かれたときに、自然と「痛《いた》いっ」という言葉が出てきてしまった、というあるパイロットさんの表現でした。

ここまで読んできた読者のみなさんは、分身ロボットはパイロットさんが遠隔《えんかく》操作しているということを、よくわかっていると思います。しかしそうとは知らない人が、初めてロボットから「こんにちは」と声をかけられたら、人が遠隔《えんかく》操作をしているものだとほとんど思いません。

AIがしゃべっていると思われて、あいさつをしても返事をしてくれなかったり、あるいは、たたかれたりすることもあったそうです。分身ロボットのなかに入っているパイロットさんとしては、そのようにロボットが雑に扱《あつか》われると悲しくなることは容易に想像できます。

悪意がなくても、たとえば小さな子どもが興味を持ってロボットをいじり倒《たお》すこともありえます。

外見はロボットだけれども、実は遠隔《えんかく》操作をしている人がいる。そのことがわかるとおどろいて態度を改める人たちもいるそうですが、これが生身《なまみ》の状態だったら無視されたり、出会い頭《がしら》にいきなり頭をたたかれることはほとんどないでしょう。

今は分身ロボットの話を例として挙《あ》げましたが、現在、実はいろいろな場所で人と機械の区別がつかなくなってくる社会になってきています。

生成AIの進化によって、まるで本物の人のような外見で、すごく流暢《りゅうちょう》にしゃべるAIアナウンサーもでてきています。

あるいは、オンラインゲームやバーチャルリアリティを使ったゲームでは、好きなキャラクターになり切ってゲームをプレイすることができます。ゲームのなかには分身ロボットのように人間が操作しているキャラクターもいれば、ゲームの運営側が自動的に動かしているノンプレイヤーキャラクター（NPC）という、自動的に動くキャラクターもいたりします。簡単な会話や情報交換《こうかん》をするだけであれば、NPCなのか本物の人なのかわからない、あるいはわかる必要はない、という場面も出てくるかもしれません。

このようにロボットやAIなどの情報技術が発達していくと、人と機械の境界がますますあいまいになっていくでしょう。人どうしが互《たが》いに敬意を持って話をできるようにするためには、どのような仕組みや技術が必要でしょうか。

AIや自動化されたシステムで動いているキャラクターは、そうであるとわかるように印をつけることで区別するという考え方もあります。しかしロボットやキャラクターによっては人が動かしているときもあれば、AIが動かしているときもある場合も考えられます。また外見は同じロボットやキャラクターなのに、人が操作しているかＡＩが操作しているかで扱《あつか》いをすぐに変えられるほど、私たち自身が柔軟《じゅうなん》ではないでしょう。

そうであれば、人であろうが機械であろうが、あらゆるものに敬意を持って接すればよいとする考え方もできるでしょう。あらゆるものに神が宿るといった八百万《やおよろず》の神がいるという日本的な世界のとらえ方では、このような考え方は受け入れやすいかもしれません。

一方で人も機械もすべて同列に扱《あつか》うという考え方は、逆に言えば人の尊厳や人権を軽視することにつながり、問題を起こしかねないという考え方もあります。極端《きょくたん》な例を出すのであれば、人の発言もＡＩの発言も同じように重視することが考えられます。しかし、ＡＩは文章の意味を理解して文章を作り出しているわけではありません。嘘《うそ》の情報も多く混ざっていますし、人々の考えを惑《まど》わしたり不安をあおったりするような目的で作られているＡＩもあります。ＡＩに対する依存《いぞん》も問題となっています。このような観点からＡＩはあくまで道具であって、人と同様に扱《あつか》うべきではないとする考え方もあります。

このように人とロボット、AIなどの機械との関係性や境界線は揺《ゆ》れ動いています。だからこそ分身ロボットを知らない人は最初ロボットに、どのように接していいか戸《と》惑《まど》ってしまうのでしょう。

分身ロボットのある社会というのは、人と機械との関係性をどのように考えたいのか、考えるべきなのかを改めて問いかけています。これに対する明確な、かつ誰《だれ》もが納得できる答えというものはまだありません。

さまざまな分身ロボットが、店舗《てんぽ》や学校、病院、あるいは街や家のなかで使われていくなかで、私たち一人ひとりが考えていくこと、そして考えたことを周りの人たちと共有していくことが重要になっていくでしょう。

# おわりに

## 自分もパイロットになってみて

今までパイロットさんの声を紹介《しょうかい》してきましたが、実は私自身もOriHimeパイロットとしてイベントに登壇《とうだん》したことがあります。株式会社オリィ研究所もプロジェクトにかかわっている、ムーンショットプロジェクトCybernetic beingが2021年10月にイベントを開催《かいさい》し、私はパネリストとして登壇《とうだん》予定でした。ただ当日、体調を崩《くず》してしまって、イベント会場に行けない状態でした。「だったら江間さんはOriHimeで登壇《とうだん》すればいい」となり、私は自宅に居ながら、自分のiPad miniにOriHimeの操作アプリをダウンロードしてOriHimeパイロットとしてイベントに参加したのでした。

このイベントの様子は参加登録をすればオンラインでも視聴《しちょう》できたので、写真の上にある白いiPad miniで会場から見える壇上《だんじょう》の様子を映し出しま

上：OriHime で登壇　下：OriHime の操作画面

した。見えにくいですが、左端《ひだりはし》の司会者の横に演台があり、その上に私が入っている OriHime が置いてあります。そして、写真の下の黒い iPad mini が OriHime の操作画面です。

このとき、実はさらに iPad mini の後ろでデスクトップパソコンもつけて Slack というコミュニケーションツールで他のプロジェクトメンバーともチャットしていたのですが、そこで私が書いていたのが、以下のようなコメントです。

視点が主観(下)と客観(上)で見られるのはいいですね。両方とも拡大縮小できるし。こういう複層的な視点に慣れすぎると、生身《なまみ》で会場に行ったとき、自分がどう見られているかといった他人の視点や目線がないのが逆に物足りなく感じてしまうかも。

オンライン会議ツールもそうですが、客観的に自分がどのような顔でしゃべっているかを見ることができます。このように新しい視点を得ることが、自分の発言やふるまいに影響《えいきょう》するのではないでしょうか。オンライン会議ツールを使うことで自分の顔を見ることができるため、会議で怒《おこ》り出したり嫌《いや》味《み》な発言をしたりする人が減ったのでは？　と思うのですが、どうでしょうか(自分の怒《おこ》っている顔を鏡で見せられたら冷静になるという考え方もあります)。

分身ロボットが身近にある社会においては、人と人との付き合い方、私たち自身のふるまいや発言の仕方に変化が出てくると考えられます。そのような社会への影響、逆に社会から技術への影響《えいきょう》について考える研究が今後どんどん重要になってきています。

## 分身ロボットがあれば他の支援《しえん》はいらない？

分身ロボットを導入する施設《しせつ》や学校の関係者にインタビューするとき、

「分身ロボットを導入することで、外出困難な人が出社したり学校に来たりすることができるから、生身《なまみ》の彼《かれ》らが実際に車いすとかでやってくるためのバリアフリー化は進めなくてもよい、と判断される可能性はあるのでしょうか」と質問をしていました。

私はパイロットさんたちと話をしているなかで、分身ロボットを「選択肢《せんたくし》や可能性を広げるツール」だと考えるようになりました。決して「生身《なまみ》の自分の代替《だいたい》」ではないのです。

もし、ある学校や組織が、お金をかけて分身ロボットを導入する手はずを整えたとしましょう。分身ロボットがなければ障がいをもっている人たちは学校や組織の人たちとコミュニケーションする手段がなかった、というのであれば、分身ロボットは可能性や機会を広げています。

でも、パイロットさんのなかには、生身《なまみ》でも学校の友人や職場の人たちに会ってみたいと思っている人もいるかもしれません。そうなったときにバリアフリーなどの物理的な環境整備《かんきょう》を考えることを忘れないことが、選択肢《せんたくし》を増やすために重要です。

実際にインタビューをした学校の先生や自治体の職員の方からも「分身ロボットの利用が増えることが本当にいいことなのかがわからない」という迷いの声が聞こえました。分身ロボットのレンタルや購入《こうにゅう》をしている学校や自治体としては、具体的にどのくらいロボットが使われているかがわかる利用率が高いことは良いことです。分身ロボットが使われているということは、ロボットの利用に満足している人たちがいて、予算が無駄《むだ》にならなかったということだからです。

しかし、分身ロボットの利用率がどんどん上がっていくということは、使わないと学校や職場に行けない人が増えているということにもなります。そのなかには、もしかしたら分身ロボットではなく、学校や施設《しせつ》のバリアフリー化などの設備を整えたら来られたかもしれない人もいるかもしれません。

バリアフリー化といっても、エレベーターを作ったり、車いすが通れるようなスロープを作ったり、通路を広くしたり、多目的トイレを導入したり、など、さまざまな対応があります。予算には限りがあるなかで、金銭的な点からどこまで一人ひとりのニーズに応えられるか。場合によっては分身ロボットを導入するところにお金を使うよりは、環境《かんきょう》を整えることにお金を使ったほうが、実際のニーズに則している場合もあるかもしれません。

また、忘れてはならないのは、分身ロボットは「学校に(職場に)行きたいのに行くことができない、他の人と交流を持ちたいのに持つことができない」という人たちに適したツールだということです。「人間関係にストレスがあって交流はしたくはない」という人たちには、別のサポートをする必要があります。

とはいえ、学校関係者へのインタビューをしていたなかでは、不登校傾向《けいこう》があり、教室に行くとプレッシャーでお腹が痛くなってしまう子が、保健室や別の教室に分身ロボットで「登校」して、少しずつ教室の雰囲気に慣れていくことで、最終的に生身《なまみ》で登校できるようになった、という事例もありました。長期入院のあとに学校に戻るのが不安になる、という子どもも同じような気持ちであったりするのかもしれません。

人によって外出が困難である理由は異なります。身体的な面もあれば心理的な面もあるでしょう。分身ロボットも支援《しえん》の選択肢《せんたくし》の一つに含めながら、「どのような支援《しえん》が必要なのか」、「どういう環境《かんきょう》整備をすればよいのか」を関係者全員で考え続けていくことが、真に多様な社会を実現するためには必要でしょう。

## 技術に依存《いぞん》しないことの重要性

分身ロボットだけが多様な社会を作るための解決策ではない、という前の話をもう少し、情報技術全般《ぜんぱん》に広げて考えてみます。

分身ロボット自体は便利な道具です。科学技術をはじめ、情報技術は私たちの社会や生活をより便利にしてくれる一方で、私たちがそれに依存《いぞん》しすぎるあまり、災害時などはむしろ身動きが取れなくなる状況《じょうきょう》にも陥《おちい》る可能性があります。あるいは、効率化や省略化を追い求めるあまり、障がいをもつ人など多様なニーズをもつ人たちへの対応において融通《ゆうずう》のきかないシステムが現代社会では作られつつあることを自覚するべきでしょう。

以前、カーリーさんとゆいさんに技術に依存《いぞん》することとその課題についてイベントでしゃべってもらったときのエピソードがとても示唆《しさ》深いものだったので、ここでその一部を紹介《しょうかい》します。

## カーリー

障がいを負ってしまい再び社会参加できるか不安でしたが、技術が進化している今の世の中には本当に感謝をしています。そんななか、テクノロジーに頼《たよ》ることがあたりまえになっている今の生活のなかで、私が一人で対処できないことが起こりました。

それは「落雷《らくらい》による停電」です。

リモートで仕事中、落雷《らくらい》による停電が発生しました。それと同時に1階にある分電盤《ぶんでんばん》のブレーカーが落ちてしまいました。私は階段昇降機《しょうこうき》を使って2階へ上がり、自分の部屋で仕事をしているので、停電になってしまうと1階に降りることができず、分電盤《ぶんでんばん》のブレーカーを復帰させることもできませんでした。

職場である分身ロボットカフェでは、リモート接続している私が急に姿を消してしまったことで、体調の急変など多くの心配をしていたとの話を停電復帰後に聞きました。

自宅では家全体が真っ暗のまま、夜まで家族の帰りを待つこととなり、とても不安な時間を過ごすこととなりました。

便利な世の中になり技術が進化していくことはとてもすばらしいことであり、これからも限りなく進化し続けてほしいと思います。

その反面、障がいを抱《かか》えている私が技術に頼《たよ》りすぎることで、何かイレギュラーな事態が起こったときに、スムーズに対応できないケースがあるということを念頭に置いて生活をする必要があります。

そこには「人の力や寄り添《そ》う気持ち」が必要になり、アナログな思考と技術がうまく共存できる世の中になってほしいと思います。

ゆい

技術が発展し続けている昨今では、ネット環境《かんきょう》があってあたりまえ、車いすユーザーには車いすが、それらは動いてあたりまえというように、技術ありきでさまざまなことを想定されていることが多いように感じます。

たとえば、私にとっても電動車いすは充電《じゅうでん》できてあたりまえ。ところが突然車いすのバッテリーは故障するし、日常的に大小さまざまなイレギュラーが発生して、そのたび生身《なまみ》の人間の助けを必要としているし、最終的に頼《たよ》らざるを得ません。

また、技術の発展で、駅やサービス業の無人化が進んでいます。日々サポートの積み重ねが必要な私にとって「個々人の困りごとに柔軟《じゅうなん》に対応できる生身《なまみ》の人間」がいないに等しい空間はとても不安です。

あるとき、非接触対応《ひせっしょくたいおう》のホテルに長期宿泊してその不安の中身が明確になりました。フロントに人がめったにいない。ここで一つ目の不安、このようなシステム(コンセプト)の場で緊急《きんきゅう》ではないが個人が必要とするサポートを求めることはイレギュラーにあたり、勤務のシステム上(せっかくテクノロジーを導入して人件費削減《さくげん》しているだろうに)負担じゃないだろうかと申し訳ない気持ち。そして、本当に緊急《きんきゅう》で一刻を争うようなときはどうするのだろうかという不安。

最先端《さいせんたん》の技術があるから、だけでは対応しきれない場面がまだまだたくさん出てくるように思います。テクノロジーか人の手か、どちらか一方に偏《かたよ》るのではなく、バランスよく共存、活用できたらいいなと思います。

今が豊かで便利な世の中だからこそ、その便利さが機能しない場合のことも考えることが重要であって、マニュアルを作るだけではなく、実際に試行錯誤《しこうさくご》できる場がもっと増えるとうれしいと思います。

車いすで生活する二人は、分身ロボットを含むさまざまな技術を使って社会参加できる価値を感じています。一方で、技術に頼《たよ》りすぎることでイレギュラーに対応できないケースも経験しています。

とくにゆいさんの、無人化が進む社会システムにおいて介助《かいじょ》を必要とする人たちが抱《かか》える不安や申し訳なさについての話は示唆《しさ》的です。これは「無用の申し訳なさ」、つまり本来であれば抱《いだ》かなくてもよい申し訳なさであるべきではないでしょうか。本来、技術というのは、誰《だれ》もが自分の思う通りに、自分のペースで使えるようになるべきものであり、特定の人たちだけに不利益を強いたり、「すみません」、「申し訳ありません」という言葉を言わせたりしない設計が求められます。

障がいをもっている人たちが、このような申し訳なさを抱《いだ》かなくて済むような技術の設計、社会の設計、そして制度の設計が必要になってきます。

また、カーリーさんとゆいさんは、障がいをもっているという文脈からの課題を提示してくれました。しかし通信インフラや技術システムが使えなくなるような災害時においては、みなが等しく技術ではなく「人の手」に頼《たよ》らざるを得なくなります。また「一般的な人」の規格にあてはまらない子どもや高齢者《こうれいしゃ》、けがをしている人やベビーカーを押している人なども同様に「人の手」が必要な場面があるでしょう。

「多様性のある社会」を私たちの社会は掲《かか》げてはいますが、多様性のある社会では危機のあり方も人によって多様であり、そのための備《そな》えを平常時からしていくことも重要だと気づかせてくれます。

技術はもちろん社会をよくするためのものですが、社会は複雑で技術の利用に対する唯一《ゆいいつ》の回答があるわけではありません。だからこそ、社会全体で対話を継続《けいぞく》していくことが重要となるのです。

## あたりまえに気づくことと、その仕組み

障がいをもっている人にとってはたいへんな状況《じょうきょう》だけれども、健常者にと

っては「あたりまえ」なため、そのたいへんさに気づくことができない。この「あたりまえ」に気づくのは、実はとてもむずかしいことなのです。

この「あたりまえ」に気づくような視点や仕かけを考えていくのが私の研究テーマの一つであり、そのためにも、技術の開発やサービスの提供にかかわっている人たち、その技術を実際に利用している人たち、あるいは利用できない人たち、そしてその技術を適切に利用していくためにどのような制度やルールを作ればいいのかを考える人たちや、社会の価値観について考える人たちなどさまざまな人たちの意見を聞く場を作っています。

自分と立場や意見の異なる人たちと積極的に話をすることによって、今の社会や技術の「あたりまえ」に気づきやすい環境《かんきょう》を作り出します。異なる立場や考え方の人たちといっしょに議論をすることで、私自身も、自分の持つ「あたりまえ」に気づくことがあります。

分身ロボットのインタビューでもカーリーさんとの話から一つエピソードを紹介《しょうかい》します。

パイロットさんが働く分身ロボットカフェ DAWN ver. β は両手に乗るくらいの大きさの OriHime の他に、120センチくらいで動き回ることができる OriHime-D というロボットがあります。

小さい OriHime はテーブルの上に置かれていて、パイロットさんたちはカフェに来たお客さんたちにカフェメニューを紹介《しょうかい》したり、楽しくおしゃべりをする接客のお仕事をします。

大きな OriHime-D に入ったパイロットさんは、カフェのなかを動きまわって飲み物を運んだりします。

最近はファミリーレストランでも食べ物や飲み物を運んだり、食べ終わった食器を下げたりする自動で動くロボットが導入されています。

そこであるとき、飲み物を運ぶために移動するロボットは自動化させてしまって、パイロットさんたちは OriHime での接客に専念できたほうがいいのではないのか？　と聞いたのです。

それに対する、カーリーさんの答えは以下のようなものでした。

カーリー

AIで配膳《はいぜん》するロボットは、オリィ研究所とめざすところが違《ちが》っています。オリィ研究所がめざすのは外出困難者であっても寝《ね》たきりであっても働ける場所を提供すること。だからロボットを人が操るっていうところがないと、それが実現できなくなっちゃうんですよね。

パイロットさんによっては「自由に歩きまわれるから配膳《はいぜん》ロボット(OriHime-D)がいい」と言う人もいる。生まれつき歩いたこともない人が、カフェのなかをロボットで歩いてドリンクを運ぶ、それだけで、めちゃくちゃうれしかったっていう声も聞いています。

カーリーさんとの会話から、私自身多くのことに気づかされました。

まず一つは、技術のあり方と社会のあり方が関連しているということを明確に言葉にしてくれたこと。専門的な言葉では「設計思想」と言いますが、科学や技術を「設計する」人や組織がどのような考え方、あるいは社会のあり方をめざしているかは、技術をどのように社会で利用していきたいかにかかわってきます。

外見だけみれば同じモノを運ぶ移動型のロボットであったとしても、「設計思想」が異なれば、どういう場面で、誰《だれ》が、どのような目的でそのロボットをいつ動かすのかは変わってきます。

株式会社オリィ研究所がめざすロボットのあり方は、外出困難な人が、それでも働くことをあきらめたくないという目的のために使いやすいロボットを作ること。ファミリーレストランなどで動いている自動の(AI)ロボットの目的は、お店で働く他の従業員の人の仕事を減らしたり、効率化したりすること。目的がまったく異なります。

もう一つカーリーさんとの会話では、私自身が持つ無意識の思い込《こ》みに気づかされました。専門的には「アンコンシャス・バイアス」と言います。

アンコンシャス・バイアスの例としては、「男性／女性はこうあるべきだ」といった思い込《こ》みが、学校や職場での役割を人に押しつけてしまうことが挙《あ》げられます。たとえば男子のほうが数学や理科が得意とか、家庭科は女子のほうが得意、とかもアンコンシャス・バイアスの一例です。

このような思い込《こ》みは、誰《だれ》もが育った環境《かんきょう》や受けた教育によって持ってしまうものです。そのために、まずは自分自身がもしかしたら無自覚に他の人やモノに対して偏見《へんけん》や先入観を持っていないか、に気づくことが重要です。

私自身は病気で寝込《ねこ》んだことはあっても、寝《ね》たきりになったことも、長期間入院をしたこともありません。そのため私にとって自分の足で動きまわることは「あたりまえ」のことであって、自分が思う通りに動きまわることができることが「めちゃくちゃうれしい」ということが感覚的にわかっていなかったことに気づきました。

そんな私にとっては、そうか、「動ける喜び」というのがあるのだというのは発見でした。そして自分自身が寝《ね》たきりになったことを想像すると、自分の思う通りに動けることは、確かにすごくうれしいことなのだなと改めて感じることができるようになりました。

これ以外にもパイロットさんたちとお話をするなかで、他の自分自身の思い込《こ》みに気づかされたり、一方で、パイロットさんと同じような考え方をしていることを知ってうれしくなったりと、パイロットさんたちとの会話はとても楽しいものでした。

この本は、分身ロボットや外出困難なパイロットさんたちの言葉を紹介《しょうかい》しています。しかし、それは私たち一人ひとり、読者のみなさんにとっても「自分とは違《ちが》う人」、「自分には関係ないロボットの話」ではないと私は考えています。

パイロットさんたちは「私たちの先輩《せんぱい》」であるというのは株式会社オリィ研究所の吉藤《よしふじ》さんがよくおっしゃっている言葉です。

パイロットさんたちは、私たちが明日にでも、もしかしたら直面してしまうかもしれない困難に、現在立ち向かっている方たちです。パイロットさんたちからの言葉には非常に多くの学びがあります。

# もっと知るために

■OriHimeに関する本

吉藤健太朗『「孤独」は消せる。』サンマーク出版　2017年

吉藤オリィ『サイボーグ時代――リアルとネットが融合する世界でやりたいことを実現する人生の戦略』きずな出版　2019年

吉藤オリィ『ミライの武器――「夢中になれる」を見つける授業』サンクチュアリ出版　2021年

■技術と社会について考える本

江間有沙『AI社会の歩き方――人工知能とどう付き合うか』化学同人　2019年

江間有沙『絵と図でわかる　AIと社会――未来をひらく技術とのかかわり方』技術評論社　2021年

上出寛子、新井健生、福田敏男編著『今日、僕の家にロボットが来た。――未来に安心をもたらすロボット幸学との出会い』（江間有沙　第6章執筆）北大路書房　2019年

松原仁、中島岳志、江間有沙『AIを使って、亡くなった大切な人に会いたいですか？』集英社　2020年

塚原東吾、綾部広則、藤垣裕子、柿原泰、多久和理実編著『よくわかる現代科学技術史・STS』ミネルヴァ書房　2022年

※この本で紹介《しょうかい》している分身ロボットにかかわる動画と、登場したOriHime パイロットさんのXのアカウントは下のQRコードから見ることができます。
https://iwnm.jp/027260

# あとがき

この本は、さまざまな方たちのご協力があってできました。インタビューに答えてくれたOriHimeパイロットのみなさんや、紙面の都合上お名前を出せなかった多くの方、株式会社オリィ研究所のみなさんのご協力なくして、この本は作れませんでした。

株式会社オリィ研究所やパイロットさんたちに出会うきっかけを作ってくれたのが、ＪＳＴムーンショット型研究開発事業「Cybernetic being」プロジェクト(Grant number JPMJMS2013)でした。このプロジェクトにかかわる研究者たちは、第1章で紹介《しょうかい》したような、人の「分身」や「融合《ゆうごう》」、さらには「拡張」となるロボットの研究をしています。イベントや実験の動画も公開されているので、興味のある人はぜひご覧になってください。

分身ロボットに関する調査ではとくに共同研究者のチェリア・シュポーデ

ンさんからも多くの視点をいただきました。また膨大《ぼうだい》なインタビューデータの整理をしてくださっている狩野愛歌さんのサポートなくして、今回の本は作れませんでした。

また分身ロボットに関するさまざまなイベントを今までも開催《かいさい》してきましたが、参加者のみなさんや、大学教職員や学生、スタッフのみなさまのご協力があって、分身ロボットがある未来がどのようなものか、多くの視点を得ることができました。

さらに本書は、岩波書店のみなさまとの議論を通して、伝えたいことが明確になりました。

最後に、いつも支えてくれた家族に感謝します。

江間有沙

2024年10月

**江間有沙**

東京大学国際高等研究所東京カレッジ准教授。2017 年 1 月より国立研究開発法人理化学研究所革新知能統合研究センター客員研究員。専門は科学技術社会論(STS)。人工知能やロボットを含む情報技術と社会の関係について研究。主著は『AI 社会の歩き方――人工知能とどう付き合うか』(化学同人、2019 年)、『絵と図で分かる AI と社会』(技術評論社、2021 年)。



岩波ジュニアスタートブックス

分身ロボットとのつきあい方

---

2024 年 12 月 18 日　第 1 刷発行

著　者　江《え》間《ま》有《あり》沙《さ》

発行者　坂本政謙

発行所　株式会社 岩波書店

〒101-8002 東京都千代田区一ツ橋 2-5-5

電話案内 03-5210-4000

https://www.iwanami.co.jp/

印刷・三秀舎　製本・中永製本

---





ISBN 978-4-00-027260-5　NDC 360　Printed in Japan